D1414640

TUNGAIRÁ
Mis primeras poesías

3ª Edición

TERCERA EDICIÓN

©1999 Los autores de cada uno de los poemas
©1999 José María Plaza de la selección y el prólogo
©1999 EDICIONES GAVIOTA, S. L.
Manuel Tovar, 8
28034 MADRID (España)
ISBN: 84-392-8115-3
Depósito legal: LE. 181-2006

Printed in Spain – Impreso en España
Editorial Evergráficas, S. L.
Carretera León – La Coruña, km 5
LEÓN (España)

TUNGAIRÁ
Mis primeras poesías

Selección realizada por
José María Plaza

Ilustraciones de
Carmen Lucini

EDICIONES
Gaviota

*A todos aquellos que saben
lo importante que es la poesía en los primeros
años de los niños, y se esfuerzan, casi como
un reto personal, por extenderla. Entre ellos,
Federico Martín Nebrás, por su charla
del IBBY en Sevilla; Montserrat Sanuy, por su
estupendo* Canciones populares e infantiles
españolas *(1984), y Rosa León, por sus
discos para los pequeños.*

*Y, por supuesto, a los niños Mireia
Moncosí, Miguel González Ramírez, Julia
Segovia Verdejo, Olga de Andrés Fernández
(tan precoz lectora de poesía), Paula y Sergio
Ruiz Bressel, Constanza Rodrigo Planchuelo,
Alejandro y Guillermo Serrano Muñiz,
Adrián y Rebeca Llorente, Diego Hermoso
y Pol Salmon, que están en esa edad
maravillosa –tunga, tunga, tungairá– donde
aún todo es posible.*

TUNGAIRÁ

«Leer es poner a danzar la boca.»
Benjamín Jarnés

Es difícil saber si el prólogo de un libro como éste debería ir destinado al niño, que es el lector natural de los poemas, o al adulto, al padre o profesor que probablemente lo compre y se lo recomiende.

Confieso la duda, y tras una incertidumbre razonable, vi muy claro que no son caminos divergentes. Creo que lo adecuado es que estas palabras previas vayan dirigidas al niño —al niño que fue ese adulto de hoy— y también, al adulto, al adulto que será ese niño que ahora puede leer estas poesías. Por tanto, es —será— un prólogo en dos tiempos.

Pero no nos demoremos más, y vayamos a lo que nos interesa: la poesía. Su enorme importancia en la primera infancia. Y es que el primer contacto de los niños con el mundo real, que es cuando aún están en el vientre de su madre, tiene que ver con el ritmo. Con la música del espacio y la poesía de la carne. Ese ritmo binario (del corazón materno) marcará su aterrizaje en la vida exterior.

Los niños, por tanto, nacen con un sentido innato del ritmo, y preparados para la poesía. Y como nacen sin palabras, esta poesía estará escrita en el aire. De ahí la necesidad de que estos poemas sean musicales, rumorosos, onomatopéyicos, repetitivos y que puedan ser cantados. Los versos —las palabras— caen en el estómago del niño como si fuesen leche, y crecen. Y crece.

Cantar y contar. Primero nos cantan (nanas, canciones de corro, de cuna, aleluyas...) y luego nos cuentan. Los padres son los que deben iniciar a sus hijos en la poesía. La educación poética empieza en casa. ¿Cómo hacerlo...? Muy sencillo: leerles versos, muchos versos.

Después, las palabras empiezan a iluminar la realidad. El niño aprende a leer, a escribir, y descubre que esa historia, esos ritmos, esa musicalidad, esas poesías que le habían cantado y contado —leído— los mayores, están ahí, a su alcance; las puede descifrar por sí mismo, leer cuantas veces quiera y, también, descubrir otros mundos que permanecen ocultos entre aquellas letras que hasta entonces parecían todas iguales. Es la magia de la lectura.

Por esta razón, aunque los niños ya hayan descubierto la poesía en casa o en la escuela infantil, es ahora, que ya saben leer, cuando puede enfrentarse a un libro subtitulado, sin ningún equívoco, MIS PRIME-RAS POESÍAS. Suyas, porque él las descifra o asimila personalmente; y poesías, porque ahora es consciente del espacio que ocupan en el papel y en su memoria.

Jose María Plaza

El día, la escuela

Escondelero

Pin, pin, sabalín,
vamos a la escuela.
Anda, corre, niño,
pajarito, vuela,
que las estrellitas
están en el cielo.
Pin, pin, sabalín,
vamos al colegio.

La maestra Luna
dicta la lección;
una nube negra
es el pizarrón,
y un trozo de viento,
como borrador.

Una estrella roja
se pintó de tiza.
Y sus compañeras
se mueren de risa.
Ja, ja, jajajá.
Pin, pin, sabalón.
Pon, pon, sabalín,
llama al borrador.

Y las estrellitas
encienden su luz
para que las mires
desde casa tú.

Popular (El Salvador)

13

Mamá y papá

Con las letras de la sopa
escribí: mamá y papá,
y porque estaba jugando
me querían castigar.

Pero dijo mi abuelita
que se debe perdonar
a los niños que ya saben
escribir: papá y mamá.

Efraín de la Fuente

Los sentidos

Niño, vamos a cantar
una bonita canción;
yo te voy a preguntar,
tú me vas a responder:

Los ojos, ¿para qué son?
–Los ojos son para ver.
¿Y el tacto? –Para tocar.
¿Y el oído? –Para oír.
¿Y el gusto? –Para gustar.
¿Y el olfato? –Para oler.
¿Y el alma? –Para sentir,
para querer y pensar.

Amado Nervo

Las cinco vocales

Con saltos y brincos,
del brazo las cinco,
muy poco formales
vienen las vocales.

¿Las conoces tú?:
a, e, i, o, u.

A, grita que grita,
se enfada y se irrita
y se va al teatro.
Sólo quedan cuatro.

E, llama que llama,
se marcha a la cama
con dolor de pies.
Sólo quedan tres.

I, chilla que chilla,
se sube a una silla
porque ve un ratón.
Sólo quedan dos.

O, rueda que rueda,
¡sálvese quien pueda!,
rodando se esfuma.
Sólo queda una.

U, muy asustada,
se ve abandonada
y se va a la luna.
No queda ninguna.

¿Las recuerdas tú?:
A, E, I, O, U.

Carlos Reviejo

A (Asno)

El asno es un burro,
no sabe leer.

–Si nadie me enseña
no podré aprender.
Tengo unas orejas
grandes para oír,
los ojos, rasgados,
como un calcetín,
y ¡mira qué duros
codos para hincar!
¡Enséñame pronto,
vamos a estudiar
las letras, los números
y el volcán aquél…,
que quiero que sepan
que yo sí lo sé!

El burro es un asno
y sabe leer,
sabe hacer las cuentas
y jugar, también.

José María Plaza

Lucila

El lobo está en el bosque,
los niños en la escuela,
la bruja en un zapato,
Mambrú se fue a la guerra.

La primavera, en mayo,
el otoño en octubre,
los peces en el río,
Lucila en una nube.

José Ángel Valente

Mi lápiz

Usa ropa
de madera.
Cuello fuerte
de latón.
Y sombrerito
de goma,
mi lápiz
con borrador.

Lleva, bajo
su vestido,
la punta negra
de un pie.
Cuando yo
dibujo rápido
mi lápiz
baila ballet.

Si hago
las letras
muy feas,
invierte
su posición.
Baila entonces
de cabeza
mi lápiz
con borrador.

Morita Castillo

El corro, los juegos

Ronda del Pío pío

A la rueda rueda,
pío..., pío..., pío...,
la gallina blanca
con sus diez pollitos
juegan a la ronda,
¡qué lindos, qué lindos!

Co, co, co, co, co...,
pío..., pío..., pío...,
donde va la madre
van los pequeñitos,
cuatro como nieve
y seis amarillos...

24

Co, co, co, co, co...,
pío..., pío..., pío...,
a la rueda rueda,
¡qué lindos, qué lindos!,
pica que te pica
el maíz molido.

A la rueda rueda,
pío..., pío..., pío...

Yolanda Lleonart

Cortesía

Limón, limonero,
las niñas primero.

Ceder la derecha,
quitarse el sombrero,
jugar a la dama
y a su caballero.

Limón, limonero,
las niñas primero.

Mirta Aguirre

Cucú, cantaba la rana...

Cucú, cantaba la rana,
cucú, debajo del agua.

Cucú, pasó un caballero,
cucú, con capa y sombrero.

Cucú, pasó una señora,
cucú, con falda de cola.

Cucú, pasó una criada,
cucú, llevando ensalada.

Cucú, pasó un marinero,
cucú, vendiendo romero.

Cucú, le pidió un ramito,
cucú, no le quiso dar;
cucú, se metió en el agua,
cucú, se echó a revolcar.

Popular

Corre que te pillo

¡Corre que te corre!…
¡A correr, mi niño,
sobre la hierba verde
y el tomillo!…

¡A correr, que el viento
peinará tus rizos
y las mariposas
bailarán contigo!…

¡Corre que te corre!
¡Corre que te pillo!…

Se cansó mamita.

¡Corre tú solito!

Ángela Figuera Aymerich

28

Con la mitad
de un periódico...

Con la mitad de un periódico
hice un barco de papel.
En la fuente de mi casa
lo hice navegar muy bien.

Mi hermana, con su abanico,
sopla y sopla sobre él.

¡Buen viaje, muy buen viaje,
barquichuelo de papel!

Amado Nervo

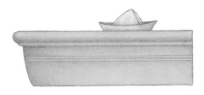

A la estrella...

A la estrella
y al limón,
golondrina del otoño
que perdió
su corazón.

(No lo perdió,
lo tengo
yo).

A la luna
y al sol,
golondrina del verano
que encontró
su corazón.

(No lo encontró,
lo tengo
yo).

César Magrini

Trato hecho

–Oye, pichoncito amigo,
yo quiero jugar contigo.

–Niño, si quieres jugar,
ven, sube a mi palomar.

–Me faltan alas, no puedo…
Baja tú, no tengas miedo.

–Sin miedo voy a bajar
y jugaré satisfecho;
pero trigo me has de dar.

–¡Pichoncito, trato hecho!

Amado Nervo

Todo juega

El agua juega a hacer barro.
La tierra, a mirar al cielo.
Las piedras, a hacer castillos.
Los castillos –puro juego–
luego juegan a la guerra.
La guerra juega a hacer fuego.

El canario, a ser cantante.
El ratón, al escondite.
El erizo, de pelota.
Y la tortuga, al despiste.

La luna juega a la ronda.
El sol, a colorear.
El viento, a soplar muy fuerte.
Papá juega a trabajar,
juega a ser mayor y dice:
«¡Ahora no puedo jugar!»

Victoria Martín Almagro

Cantemos a las flores

Cantemos a las flores
que hay sobre la hierba,
ya el sol nos ha traído
toda la primavera.

Mi falda corre,
tu lazo vuela,
las niñas guapas
que den la vuelta…

¡La dimos todas!
Las niñas buenas
jugando al corro
ninguna es fea.

Cantemos a las flores
que hay sobre la hierba,
ya el sol nos ha traído
toda la primavera.

¡Que gire, que gire,
que gire la rueda!…

José Luis Hidalgo

Fauna

Que salte el conejo,
que baile el ratón
en la rueda, rueda
de San Borombón.

Que el cordero bale,
que ruja el león
y gire la rueda
de San Borombón.

La rana de lata
y el pez de latón
ruedan en la rueda
de San Borombón.

El tigre de goma,
la osa de algodón
saltan en la rueda
de San Borombón.

Y los animales
de goma y latón,
del lobo al cordero,
del gato al ratón,
del pez a la rana,
del tigre al león,
ruedan en la rueda
de San Borombón.

Yolanda Lleonart

Tipi-tape, tipitón

Ronda del zapatero

Tipi-tape, tipi-tape,
tipi-tape, tipitón,
tipi-tape, zape-zape,
zapatero remendón.

Tipi-tape todo el día,
todo el año tipitón,
tipi-tape, macha-macha,
machacando en tu rincón.

Tipi-tape en tu banqueta,
tipi-tape, tipitón,
tipitón con tu martillo
macha-macha-machacón.

¡Ay, tus suelas, zapa-zapa,
zapatero remendón;
ay tus suelas, tipi-tape,
duran menos que el cartón!

Tipi-tape, tipi-tape,
tipi-tape, tipitón.

Germán Berdiales

El primer resfriado

Me duelen los ojos,
me duele el cabello,
me duele la punta
tonta de los dedos.

Y aquí en la garganta
una hormiga corre
con cien patas largas.
¡Ay, mi resfriado!

Chaquetas, bufandas,
leche calentita
y doce pañuelos
y catorce mantas,
y estarse muy quieto
junto a la ventana.

Me duelen los ojos,
me duele la espalda,
me duele el cabello...

Celia Viñas

La caperucita encarnada

–Caperucita, la más pequeña
de mis amigas, ¿en dónde está?

–Al viejo bosque se fue por leña,
por leña seca para amasar.

–Caperucita, di, ¿no ha venido?
¿Cómo tan tarde no regresó?

–Tras ella todos al bosque han ido
pero ninguno se la encontró.

–Decidme, niños, ¿qué es lo que pasa?
¿Qué mala nueva llegó a la casa?
¿Caperucita no regresó?

–Sólo trajeron sus zapatitos…
Dicen que un lobo se la comió.

Francisco Villaespesa

El viento

Adivina, adivinad…
Va por tierra,
va por mar.

No tiene piernas
y corre,
no tiene alas
y vuela.

Adivina, adivinad.
Va por tierra,
va por mar…

Eduardo Soler Fiérrez

Minueto

El sol tiene prisa
por secarse al sol.

Salió de la ducha
lleno de jabón,
porque el agua fría
la piel le enfrió.

Y como no hay
leña ni carbón,
abre la ventana
buscando calor.

Pero el cielo está
con nubes y con
un viento de uñas,
helado y veloz.

El sol, resfriado,
aún no se secó.

José María Plaza

La pájara pinta

Pájara pinta,
jarapintada,
limoniverde,
alimonada.

Ramiflorida,
picoriflama,
rama en el pico,
flor en la rama.

Pájara pinta,
pintarapaja,
baja del verde,
del limón baja.

Mirta Aguirre

Cuento

Érase una vez
un lobito bueno,
al que maltrataban
todos los corderos.

Y había, también,
un príncipe malo,
una bruja hermosa
y un pirata honrado.

Todas estas cosas
había una vez,
cuando yo soñaba
un mundo al revés.

José Agustín Goytisolo

La plaza tiene una torre...

La plaza tiene una torre,
la torre tiene un balcón,
el balcón tiene una dama,
la dama una blanca flor.

Ha pasado un caballero
–¡quién sabe por qué pasó!–
y se ha llevado la plaza,
con su torre y su balcón,
con su balcón y su dama,
su dama y su blanca flor.

Antonio Machado

Animales, más animales...

Los sapitos

Los sapos de la laguna
huyen de la tempestad;
los chiquitos dicen: tunga,
y los grandes: tungairá.

¡Sapito que tunga y tunga,
sapito que tungairá!

Popular

La ardilla

La ardilla corre.
La ardilla vuela.
La ardilla salta
como locuela.

–Mamá, la ardilla
¿no va a la escuela?…
Ven, ardillita,
tengo una jaula
que es muy bonita.

–No, yo prefiero
mi tronco de árbol
y mi agujero.

Amado Nervo

49

Los pollitos dicen...

Los pollitos dicen
pío, pío, pío,
cuando tienen hambre,
cuando tienen frío.

La gallina busca
el maíz y el trigo,
les da la comida
y les presta abrigo.

Bajo sus dos alas
se están quietecitos,
y hasta el otro día
duermen calentitos.

Los pollitos dicen
pío, pío, pío.
Pío, pío, pío...
dicen los pollitos.

Popular

La jirafa friolera

La jirafa
no tiene
bufanda.

Tirita y se queja.
Está resfriada.

A menudo tose.
Se enfada.

¡Hace tanto frío
en la madrugada…!

Su amiga la oveja
le ofrece su lana.

La jirafa la mira, sonríe
y le dice: «Gracias,
pero necesito un rebaño entero
para mi bufanda.»

Carlos Murciano

El gorrión

En la terraza de casa
está parado el gorrión,
calentándose las alas
con un rayito de sol.

Picotea entre los geranios
como queriendo comer.
¡Ay, si le hubiese guardado
las miguitas del mantel!

Ana M.ª Romero Yebra

La oca

Esta oca está loca,
esta oca se equivoca,
esta oca se equivaca,
esta oca se equichoca,
esta oca se equifoca,
esta oca se equitonta,
esta oca se equicaca,

y cuando juega a la Oca
hace mil trampas y dice
que tira porque le toca.

Juan Antonio Ramírez Lozano

El gato y el ratón

Era un gato grande
que hacía rorró,
muy acurrucado
en su almohadón.
Cerraba los ojos,
se hacía el dormido,
movía la cola
con aire aburrido.

Era un ratoncito
chiquito, chiquito,
que asomaba el rabo
por un agujerito;
desaparecía,
volvía a asomarse
y daba un gritito
antes de marcharse.

Salió de su escondite,
corrió por la alfombra,
y tenía miedo
hasta de su sombra;
pero al dar la vuelta
oyó un gran estruendo:
vio dos ojos grandes
y un gato tremendo.

Sintió un gran zarpazo
sobre su rabito,
y se echó a correr
todo asustadito.

Y aquí acaba el cuento
de mi ratoncito,
que asomaba el morro
por un agujerito.

Popular

El lagarto está llorando

El lagarto está llorando.
La lagarta está llorando.
El lagarto y la lagarta
con delantalitos blancos.

Han perdido sin querer
su anillo de desposados.
¡Ay, su anillito de plomo,
ay, su anillito plomado!

Un cielo grande y sin gente
monta en su globo a los pájaros.
El sol, capitán redondo,
lleva un chaleco de raso.

¡Miradlos qué viejos son!
¡Qué viejos son los lagartos!

¡Ay, cómo lloran y lloran!
¡Ay, ay, cómo están llorando!

Federico García Lorca

Pato de invierno

Por encima del agua helada
el patito se resbalaba.

Por encima del agua dura,
el patito de la laguna.

Por encima del agua fría,
el patito silba que silba.

Silba que silba se resbalaba
y en vez de llorar silbaba.

José Ángel Valente

Que te corta corta

¡Qué cola tan larga
tiene ese ratón!
Corta, corta, corta...
¿Quién se la cortó?

¡Qué pico tan grande
tiene este tucán!
Corta, corta, corta...
¿Quién lo cortará?

¡Qué rabo tan gordo
tiene este león!
Corta, corta, corta...
¿Quién se lo cortó?

¡Qué carne tan dura
tiene este caimán!
Corta, corta, corta...
¿Quién lo cortará?

A la corta, corta,
y a la corta va,
corta que te corta
que te cortará.

Nicolás Guillén

Las flores, las olas

Del rosal sale la rosa

Del rosal sale la rosa.
¡Oh qué hermosa!
¡Qué color saca tan fino!

Aunque nace del espino
nace entera y olorosa.

Nace de nuevo primor
esta flor.

Huele tanto desde el suelo
que penetra hasta el cielo
su fuerza maravillosa.

Popular

Los borriquitos están volando

Los borriquitos están volando.
Sus sombras van por los tejados.

Los peces vienen de paseo
con bastones y sombreros.

El director de la música
se enamoró de la luna.

¿Dónde estarán desde ayer
las tres niñas del marqués?

¡Pisa la raya de la rayuela!
¡Coge la flor de su cabeza!

Federico García Lorca

Un son para los niños

Por el mar de las Antillas
anda un barco de papel:
anda y anda el barco barco,
sin timonel.

De La Habana a Portobelo,
de Jamaica a Trinidad:
anda y anda el barco barco,
sin capitán.

Una negra va en la popa,
va en la proa un español:
anda y anda el barco barco,
con ellos dos.

Pasan islas, islas, islas,
muchas islas, siempre más:
anda y anda el barco barco,
sin descansar.

Un cañón de chocolate
contra el barco disparó,
y un cañón de azúcar, zúcar,
le contestó.

¡Ay, mi barco marinero,
con su casco de papel!
¡Ay, mi barco negro y blanco
sin timonel!

Allá va la negra negra,
junto junto al español:
anda y anda el barco barco,
con ellos dos.

Nicolás Guillén

A la montaña

A la montaña
nos vamos ya,
a la montaña
para jugar.

En sus laderas
el árbol crece,
brilla el arroyo,
la flor se mece.

Qué lindo el aire,
qué bello el sol,
azul el cielo:
¡se siente a Dios!

Alfonsina Storni

Yo tengo un lazo azul...

Yo tengo un lazo azul
todo de seda.
Mamá me lo compró
en una tienda.

Yo tengo una flor blanca
toda de raso.
Papá me la cogió
al ir al campo.

El agua me ha deshecho
la flor y el lazo.
¡Yo lloro por la flor,
la flor del campo!

José Luis Hidalgo

Los caballitos del agua

Vámonos de casa en casa,
llegaremos donde pacen
los caballitos del agua.

No es el cielo. Es tierra dura
con muchos grillos que cantan,
las hierbas que se menean,
los trigos que se levantan,
con hondas que lanzan piedras
y el viento como una espada.

¡Yo quiero ser niño, un niño!

Federico García Lorca

Anteprimavera

Llueve sobre el río...
El agua estremece
los fragantes juncos
de la orilla verde...
¡Ay, qué ansioso olor
a pétalo frío!

Llueve sobre el río...
Mi barca parece
mi sueño, en un vago
mundo. ¡Orilla verde!
¡Ay, barca sin junco!
¡ay, corazón frío!

Llueve sobre el río...

Juan Ramón Jiménez

La familia, Navidad

Amor filial

Yo adoro a mi madre querida,
yo adoro a mi padre también;
ninguno me quiere en la vida
como ellos me saben querer.

Si duermo, ellos velan mi sueño;
si lloro, están tristes los dos;
si río, su rostro es risueño;
mi risa es para ellos el sol.

Me enseñan los dos con inmensa
ternura a ser bueno y feliz.
Mi padre por mí lucha y piensa,
mi madre ora siempre por mí.

Amado Nervo

Mamboretá

¡Qué camino largo!
¿Madre, dónde vas?
—A buscar, mi niño,
tu felicidad.

Madre, tendré frío
cuando baje el sol.
—No, porque mi pecho
te dará calor.

Pero... ¡es que me asusto
de la oscuridad!
—No temas, mis ojos
dos faros serán.

¡Ay!, que los guijarros
herirán mis pies.
—Nunca. Con mis uñas
los arrancaré.

Cuando sienta hambre,
¿quién la saciará?
–Toda madre encuentra,
para su hijo, pan.

¿Y si no hallas agua
cuando tenga sed?
–Sangre de mis venas
te daré a beber.

Cuando el sueño llegue,
¿dónde he de dormir?
–Nido, entre mis brazos,
haré para ti.

Madre, yo quisiera
jugar con el sol.
–Córtame las trenzas,
que doradas son.

¿Y si te pidiera
flores de coral?
–Bajaré a buscarlas
al fondo del mar.

Madre, si ando mucho
me cansaré al fin.
–No, porque mis piernas
andarán por ti.

¿Y si al fin no encuentras
mi felicidad?

–Será que, en el mundo,
para ti no está…
Entonces, mi niño,
cargaré tu cruz,
para que, a lo menos,
no la lleves tú.

María Morrison de Parker

La perla

Madrecita, no llores,
quiero ir por el mar...,
que me encuentre la noche
de una gran tempestad.

En un barco pirata,
navegar, navegar,
y soñar con tus ojos
y llorar y cantar.

Ver los peces extraños,
ver las flores del mar,
y bajar a cortarlas
por el verde cristal.

Madrecita, no llores,
que de nadie será,
más que tuya, la perla
que yo encuentre en el mar.

Óscar Jara Azócar

El gallo

A las doce en punto
el gallo cantó,
anunciando al mundo
que el Niño nació.

Canta el gallo negro,
de pico amarillo,
a la media noche,
cuando nació el Niño.

Cantó el gallo negro,
de pico amarillo,
y en el canto dice
que ha nacido el Niño.

Isabel Aretz

El viento soplaba

El viento soplaba,
la nube corría,
Jesús tiritaba
de frío que hacía.

Ven, Niño bonito,
toma mi jersey,
si Tú tienes frío
te calentaré.

Rosa M.ª Alonso

Las manzanas

Señora Santa Ana,
¿por qué llora el Niño?

–Por una manzana
que se le ha perdido
debajo la cama.

–Vamos a mi quinta,
yo le daré dos:
una para el Niño
y otra para vos.

Popular

No lloréis, mis ojos...

No lloréis, mis ojos,
Niño-Dios, callad;
que si llora el Cielo
¿quién podrá cantar?

Vuestra Madre hermosa,
que cantando está,
llorará también
si ve que lloráis.

Por esas montañas
descendiendo, van
pastores, cantando
por daros solaz.

Niño de mis ojos,
¡ea, no haya más!,
que si llora el Cielo
¿quién podrá cantar?

Lope de Vega

Sin gasolina

Los Reyes Magos iban en coche,
pero llegaron tarde a Belén:

porque al faltarles la gasolina,
ellos tuvieron que ir a pie.

Cuando llegaron al portalito
vieron al Niño que ya creció,

pues tanto tiempo hubo pasado
desde que el pobre Jesús nació.

Montse Sanuy

Que es la noche de Reyes

Que es la noche de Reyes,
duérmete pronto,
ya se oyen sus caballos
bajo los chopos.

Duérmete, hijo, duerme;
cierra los ojos,
que si te ven despierto
por ser curioso,
tus zapatos, al alba,
estarán solos.

Duérmete, hijo, duerme;
cierra los ojos,
que están los Reyes Magos
bajo los chopos.

José Luis Hidalgo

Sueño de Reyes

Yo soñé que me ponían
los Reyes junto a la cama,
un conejito, un carrito,
y un automóvil de lata.

Los Reyes aparecieron
como grandes sombras blancas.
Tan sólo el negro tenía
manos negras, negra cara.

Me hice dormido en mi sueño,
y soñé que ya jugaba
con los juguetes de Reyes
sin esperar a mañana.

José Moreno Villa

La luna, la noche

Niñito, ven...

Niñito, ven. Puras y bellas
van las estrellas a salir.
Y cuando salen las estrellas,
¡los niños buenos, a dormir!

Niñito, ven. Tras de la loma
la blanca luna va a asomar.
Cuando la blanca luna asoma,
¡los niños buenos, a soñar!...

Niñito, ven. Sueña en las rosas
que el viento agita en su vaivén;
sueña en las blancas mariposas.
¡Niñito, ven! ¡Niñito, ven!

Amado Nervo

Claro de luna

Todos los búhos y búhas
se han vestido de amarillo

para cantar a la luna
como si fuesen canarios
chicos.

Esta noche hay luna llena
y es tanta su luz, su brillo,
que parece mediodía
o un día y medio seguidos.

Mas los pájaros cantores
se han dormido.

Por eso todas las búhas
y búhos y hasta buhítos
trinan y alzan sus cantos
amarillos,

amarillos.

José María Plaza

La bufanda amarilla

La luna se puso anoche
una bufanda amarilla.
«Anda, si parece el sol.
¡Mira!»

El gallo se equivocó
y despertó a las gallinas.
«¡Quiquiriquí! Perezosas,
¡arriba!»

Debajo de la bufanda
la luna se sonreía.

Carlos Murciano

La ovejita méee

La ovejita méee,
la ranita cuá.
Duérmete mi nene,
que es muy tarde ya.

El gallito quíiii,
las gallinas coooo.
Ya se duerme el nene,
arrorró, arrorró.

La vaquita múuuu,
el canario píiiii.
En mis brazos, nene,
duerme, duerme así.

Marcos Leibovich

Canción de cuna

¡Cómo se quedaron
los cinco burritos
al ver a la luna
dormida en el río!

¿Qué haremos con ella?
¿Con qué la cubrimos?
¿Con la arena fina?
¿Con el viento frío?

¡Cosas de la luna,
dormir en el río!
¡Cómo la miraban
los cinco burritos!

La luna redonda
temblaba de frío.
Que duerma esta noche
junto con un niño.

Quien quiera la luna
debe estar dormido.

¡A dormir,
que los cinco burritos
ya van a venir!

¡A soñar,
que la luna redonda
está por llegar!…

Con la luna a cuestas
llegan los burritos…

Junto con la luna
dormirá mi niño.
¡Y estarán velando
los cinco burritos!

Javier Villafañe

El elefante lloraba...

El elefante lloraba
porque no quería dormir...
–Duerme, elefantito mío,
que la luna te va a oír.

Papá elefante está cerca,
se oye en el manglar mugir;
duerme, elefantito mío,
que la luna te va a oír...

El elefante lloraba
(¡con un aire de infeliz!)
y alzaba su trompa al viento...

Parecía que en la luna
se limpiaba la nariz.

Adriano del Valle

No tengas miedo al ruido...

No tengas miedo al ruido
que se oye fuera,
es el viento que corre
sobre la hierba.

No tengas miedo al viento,
que él es tu amigo,
el viento sur es bueno
para los niños.

Y cuando venga el día
saldrás al campo
y jugarás con el viento
sobre los prados.

José Luis Hidalgo

Los pájaros se han dormido

Los pájaros se han dormido,
pero uno canta a la luna,
a la una.

¿Dónde se fueron los pájaros?
Otro canta una canción,
a las dos.

En el chaparrón, sonámbulo,
canta un tercero después,
a las tres.

Las tres, las dos y la una.
Los niños fueron durmiéndose
con tanta canción de cuna.

Francisco Garfias

95

Queremos agradecer la autorización y/o colaboración para reproducir los poemas a los siguientes autores o a sus correspondientes herederos legítimos propietarios de los *copyright* de los poemas: Efraín de la Fuente, Carlos Reviejo, José Ángel Valente, Morita Castillo, Yolanda Lleonart, Mirta Aguirre, Ángela Figuera Aymerich, Amado Nervo, César Magrini, Victoria Martín Almagro, José Luis Hidalgo, Germán Berdiales, Celia Viñas, Francisco Villaespesa, Eduardo Soler Fiérrez, José Agustín Goytisolo, Antonio Machado, Carlos Murciano, Ana M.ª Romero Yebra, Juan Antonio Ramírez Lozano, Federico García Lorca, Nicolás Guillén, Alfonsina Storni, Juan Ramón Jiménez, María Morrison de Parker, Óscar Jara Azócar, Isabel Aretz, Rosa María Alonso, Montse Sanuy, José Moreno Villa, Marcos Leibovich, Javier Villafañe, Adriano del Valle y Francisco Garfias.